BEI GRIN MACHT SICH IHR WISSEN BEZAHLT

Emotion und Motivation. Das Rubikon-Modell für den Alltag

Kamila Karwas

Bibliografische Information der Deutschen Nationalbibliothek:

Die Deutsche Nationalbibliothek verzeichnet diese Publikation in der Deutschen Nationalbibliografie; detaillierte bibliografische Daten sind im Internet über http://dnb.d-nb.de abrufbar.

ISBN: 9783346482433
Dieses Buch ist auch als E-Book erhältlich.

Druck und Bindung: Books on Demand GmbH, Norderstedt Germany
Gedruckt auf säurefreiem Papier aus verantwortungsvollen Quellen

Das vorliegende Werk wurde sorgfältig erarbeitet. Dennoch übernehmen Autoren und Verlag für die Richtigkeit von Angaben, Hinweisen, Links und Ratschlägen sowie eventuelle Druckfehler keine Haftung.

Das Buch bei GRIN: https://www.grin.com/document/1096557

Modulprüfung: Einsendeaufgaben
LV: BAPSY2

Allgemeine Psychologie II

Modul: Allgemeine Psychologie II
Studiengang: Psychologie BSc.

Verfasserin: Kamila Horvath-Karwas

Studienjahr: 2021

14.06.2021

Inhaltsverzeichnis

1. Einleitung

Emotionen, „Emotionsarbeit", „Rubikon-Modell", Motivation und Volition, „Motivkongruenz", Explizite und implizite Motive sind wichtige Begriffe der Psychologie.

Die Hauptbegriffe sind somit die Emotion und die Motivation. Diese Termini sind laut Schönpflug miteinander verbunden (Schönpflug & Schönpflug, 1991, S. 376-387; Jansen, 2018, S. 21).

Motivation wird unterschiedlich definiert. Eine Begriffsbestimmung von Emotionen gibt es allerdings nicht (Brandstätter, Schüler, Puca & Lozo, 2013, S. 130; Sokolowski, 2016, S. 296; Stemmler, Schmidt-Atzert & Peper, 2014, S. 20; Jansen, 2018, S. 9).

Myers et al. (2014, S. 439) definiert Motivation folgendermaßen:
„ein Bedürfnis oder ein[en] Wunsch, der unser Verhalten antreibt" (zit. nach Myers et al. 2014, S. 439; Jansen, 2018, S. 19).

Gerrig et al. (2011, S. 414) beschreibt Motivation als:
„alle Prozesse, die der Initiierung, der Richtunggebend und der Aufrechterhaltung physischer und psychischer Aktivitäten dienen" (zit. nach Gerrig et al. 2011, S. 414; Jansen, 2018, S. 19).

Rheinberger et al. (2012, S.16) beschreibt wiederum Motivation als:
„die aktivierende Ausrichtung des momentanen Lebensvollzuges auf einen positiv bewerteten Zielzustand" (zit. nach Rheinberger et al, 2012, S. 16; Jansen, 2018, S. 20).

Motivation spielt im menschlichen, aber auch tierischen Leben eine wesentliche Rolle, da Motivation wichtig für die Zielerreichung ist (Raum für Entwicklung ich.raum., 2021).

Allgemein handelt es sich beim dem Begriff Motivation um einen Prozess vom Erleben und Handeln. Bei der Motivation werden vor allem Bedürfnisse oder Wünsche untersucht, die insbesondere einen Antrieb auf das Verhalten haben. Bei der Motivation wird immer das direkte Verhalten beobachtet. Motivation umfasst des Weiteren alle Prozesse, die mit Initiierung, der Richtunggebend und der

Aufrechterhaltung zu tun haben. All diese Prozesse beziehen sich auf die physischen und psychischen Aktivitäten (Jansen, 2018, S. 19-20)

Es ist interessant zu wissen, wie die Präventions- oder Interventionsmaßnahmen aussehen, um Motivkongruenz herzustellen. Des Weiteren kann herausgefunden werden, wie der „Schweinehund" anhand des „Rubikon-Modells" überwunden werden kann. Außerdem ist auch interessant herauszufinden, wie „Emotionsarbeit" in der Arbeitswelt angewendet werden kann. Es ist auch wichtig zu wissen, was Motivinkongruenz bedeutet und wie diese auch im Alltag funktioniert (z.B. was passiert, wenn eine Führungsposition angestrebt (hohes explizites Motive) wird, aber diese Person, die diese Position anstrebt, anderen Mitarbeitern keine Anweisungen erteilen mag (niedriges implizites Motiv) (soft-skills, 2021; Müsseler & Rieger 2017; 232).

1.1 Problemstellung

Der Fokus dieser schriftlichen Arbeit liegt insbesondere auf den Begriffen „Motivation" und „Emotion". Somit fokussiert sich die Problemstellung auf die folgenden Fragen:
Wie kann das „Rubikon-Modell" im Alltag angewendet werden?
Wie lässt sich die Handlungskontrollstrategien nach Kuhn zielführend einsetzten?
Wie entstehen Motivation und Emotion? Was soll dabei beachtet werden?
Welche Bedeutung hat der Umgang und die Regulation von Emotionen im beruflichen Alltag?
Wie können Präventions- oder Interventionsmaßnahmen aussehen, um die Motivkongruenz herstellen zu können?
Alle diese Fragestellungen sollen in dieser Arbeit ausgearbeitet werden.

1.2 Zielsetzung

In dieser Arbeit soll verstanden werden, was unter dem „Rubikon-Modell" zu verstehen ist und wie dieser im Alltag angewendet werden kann (z.B. Überwindung des Schweinehundes). Des Weiteren soll auch das Augenmerk auf den Unterschied zwischen Motivation und Volition gelegt werden. Des Weiteren soll anhand eines Beispiels beschrieben werden, wie sich die Handlungskontrollstrategien nach Kuhn dabei zielführend einsetzen lassen.

Diese schriftliche Arbeit soll auch dabei helfen, den Begriff der „Emotionen" zu verstehen und aufzuzeigen, wie diese auch im Alltag entstehen. Auch der Begriff der „Emotionsarbeit" soll anhand von Emotionen im Alltag beschrieben werden.

Am Ende soll auch der Unterschied zwischen expliziter und impliziter Motive, die im Alltag entstehen, erklärt werden. Auch der Begriff der „Motivkongruenz" soll definiert werden. In dieser Arbeit sollen auch anschließend die negativen Folgen, die mit der „Motivkongruenz" verbunden sind, erklärt werden. Darauffolgend soll die Frage nach den Präventions- oder Interventionsmaßnahmen beantwortet werden.

1.3 Vorgehen

Diese schriftliche Arbeit besteht aus einer Einleitung und drei Aufgaben. Insgesamt wird diese Arbeit in drei Teile aufgeteilt. Bei diesen drei Aufgaben sollen folgende Punkte beschrieben werden:

1. Aufgabe

- Erklärung des Modells „Rubikon-Modell"
- Unterschied zwischen Motivation und Volition
- Anhand eines Beispiels beschreiben, wie sich die Handlungskontrollstrategien nach Kuhl zielführend einsetzen lassen.

2. Aufgabe

- Was sind Emotionen?
- Wie entstehen Emotionen?
- Erklärung der Bedeutung des Umgangs mit und die Regulation von Emotionen im beruflichen Alltag. Hier soll der Begriff „Emotionsarbeit" vertieft werden.

3. Aufgabe

- Der Unterschied zwischen explizitem und implizitem Motiv
- Was bedeutet Motivinkongruenz?
- Welche negativen Folgen sind gemeint und wie könnten Präventions- oder Interventionsmaßnahmen aussehen, um Motivkongruenz herzustellen?

2. Textteil zu Aufgabe A

In diesem Kapitel wird das „Rubikon-Modell" erklärt. Des Weiteren werden anhand dieses Modells der Unterschied zwischen Motivation und Volition erklärt. Im Anschluss wird auch ein Anwendungsbeispiel beschrieben. Bei diesem Anwendungsbeispiel soll fogende Frage beantwortet werden: „Wie lassen sich anhand eines Beispiels die Handlungskontrollstrategien nach Kuhl zielführend einsetzen"?

2.1 Definition „Rubikon-Modell"

Das „Rubikon-Modell" wurde durch den Vertreter der Motivations- und Volitionspsychologie, Heinz Heckhausen (1926-1988), ausgearbeitet (Spektrum.de, 2020; Max-Planck-Institut, 1990).

Das „Rubikon-Modell" wird auch als Handlungsphase-Modell bezeichnet und dient insbesondere der Volitionsforschung (Heckhausen & Heckhausen, 2010, S. 7).

Dieses Modell besteht aus vier aufeinander aufbauenden Phasen:
1. Abwägen (motivationalen Phase)
2. Planen (volitionale Phase)
3. Handeln (volitionale Phase)
4. Bewerten (motivationalen Phase

Das „Abwägen" wird auch als „prädezisionale Phase" verstanden. Unter „Planen" wird die „präaktionale Phase" verstanden. Beim „Handeln" handelt es sich um die „aktionale Phase". Die letzte Phase ist somit das „Bewerten". Unter „Bewerten" wird auch die „postaktionale Phase" verstanden.

Zwischen den Phasen gibt es noch die sogenannte Intentionsbildung, Intentionsinitiierung und Intentionsdeaktivierung. Bei der Intentionsbildung handelt es sich um die Entscheidung (Zielintention), bei der Intentionsinitiierung um den Handlungsbeginn und bei der Intentionsdeaktivierung geht es um die Handlungsergebnisse (Heckhausen & Heckhausen, 2010, S. 8).

Insgesamt geht es bei diesem Modell um die Erreichung der eigenen Ziele.

Rubikon Modell:

Bei der ersten Phase, der Abwägungsphase (prädezisonale Phase), handelt es sich um die motivationale Phase. Hier werden <u>Gedanken gefasst</u> über die Wünsche, die ein Individuum bei der Erreichung seiner Ziele entwickelt. Des Weiteren findet in dieser Phase auch die <u>Bewertung</u> über die Erreichung der Ziele statt (Steuer, Fasching & Dresel o.J.). Somit findet hier das Abwägen von Handlungsalternativen statt (Deimann, Weber & Bastiaens, 2008, S.13).

Das Bewerten und das Abwägen beziehen sich sowohl auf erwünschte als auch auf unerwünschte Faktoren, die das Erreichen von Zielen beeinflussen kann (Steuer, Fasching & Dresel o.J.).

Wird eine Intention gebildet und das Individuum hat sich entschieden, das Ziel zu verfolgen, dann wird eine positive Bilanz gezogen (ebda.,). Somit wird der Rubikon überquert und die Intentionsbildung findet statt.

In der zweiten Phase, dem „Planen" (präaktionale Phase), handelt es sich um die Umsetzung der Handlungsziele. Hier findet die Überlegung statt, wie die Ziele erreicht werden sollen. Somit wird der Fokus nur auf das eine Ziel gelegt und alle anderen konkurrierenden Ziele werden ausgeblendet (Steuer, Fasching & Dresel o.J.).

Im Anschluss findet die Intentionsinitiierung statt und somit der Handlungsbeginn.

Bei der dritten Phase (aktionale Phase) handelt es sich um die Handlungsinitiierung. Hier werden alle Faktoren, die zur Verhinderung der Ziele führen könnten, ausgeblendet (Steuer, Fasching & Dresel o.J.). Der Fokus liegt hier auf der zielgerichteten Handlung (Heckhausen & Gollwitzer, 1987; Achtzinger & Gollwitzer, 2009; Re. Emotion- & Motivationspsychologie, 2021). Des Weiteren werden hier weitere Bestandteile, die für die Erreichung der Ziele notwendig sind, reguliert. Diese Bestandteile beziehen sich auf die Anstrengung und auf die Ausdauer, die wichtig sind, um die eigenen Ziele zu erreichen.

Zwischen (aktionale Phase) und der (postaktionale Phase) liegt die sogenannte Intentionsdeaktivierung (Heckhausen & Gollwitzer, 1987; Achtzinger & Gollwitzer, 2009; Re Emotion- & Motivationspsychologie, 2021).

In der letzten Phase der sogenannten „aktionalen Phase" werden die Handlungsverläufe und Handlungsergebnisse bewertet. Der Schwerpunkt liegt hier auf der Evaluierung der Ursachen für Erfolg und Misserfolg und der Überlegung über die Erreichung des Ziels (Steuer, Fasching & Dresel o.J.).

Am Schluss des Rubikon-Modells findet die Konklusion über das zukünftige Handeln statt (eda.)

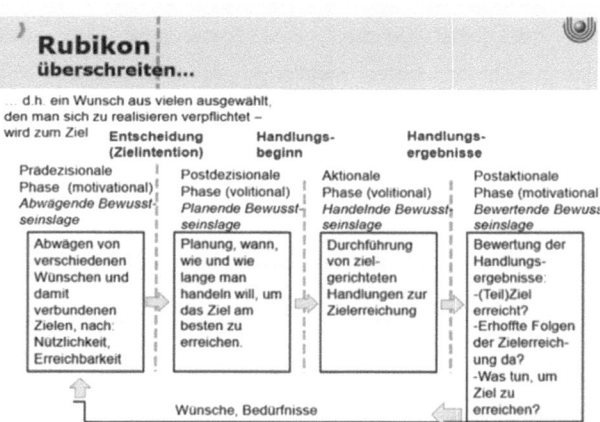

Abbildung 1: (Heckhausen & Gollwitzer, 1987; Achtzinger & Gollwitzer, 2009; Re Emotion- & Motivationspsychologie, 2021).

.

2.2 Unterschied zwischen Motivation und Volition.

Der Unterschied zwischen den beiden Termini liegt insbesondere bei der Bildung von Zielen und der Umsetzung.

Die Motivationsphase beschäftigt sich mit der Frage „was ist mein Ziel?" und bei der Volition stellt sich die Frage hingegen wie das Ziel umgesetzt werden kann.

Unter Volition versteht man einen Prozess der Willensbildung (**Werner,** o.J.).

Somit kann mit dem Begriff Volition auch die allgemeine Frage beantworten werden, warum gewisse Individuen trotz hoher Motivation scheitern und andere wiederum alle Hindernisse überwinden und die Ziele erreichen.

Dieser Sachverhalt bezieht sich auf die Problematik des inneren Schweinehundes (Pelz, 2020).

2.3 Anwendungsbeispiel: Wie lassen sich anhand eines Beispiels die Handlungskontrollstrategien nach Kuhl zielführend einsetzen?

Bei diesem Anwendungsbeispiel geht es um die Fähigkeit, Emotionen zu adaptieren, da jeder Mensch unterschiedlich handelt (Brandstätter et al. 2013, S. 118; Jansen, 2018, S. 107). Bei den Handlungskontrollstrategien nach Kuhl (1983) handelt es sich um Probleme, die gelöst gehören. Das Augenmerk liegt sowohl auf der Aufrechterhaltung nichtdominanter Intentionen als auch auf den konkurrierenden Handlungstendenzen, die unterdrückt werden müssen, damit sich das Individuum auf die eigene Handlung konzentrieren kann (Quirin und Kuhl, 2009, S. 157–158; Brandstätter et al., 2013, S. 119; Goschke, 2016, S. 255–257; Rheinberg et al., 2012, S. 184–185; Jansen, 2018, S. 107).

Die Handlungskontrollstrategien nach Kuhl bestehen aus fünf Faktoren. Diese sind:

- Umweltkontrolle
- Aufmerksamkeitskontrolle
- Enkodierungskontrolle
- Motivationskontrolle
- Emotionskontrolle

Die Handlungskontrollstrategie beruht auf dem metakognitiven Wissen, das bereits im Kinderalter entsteht (Goschke, 2016, S. 258; Jansen, 2018, S 107).

Anwendungsbeispiel:

Proband: Frau, 27 Jahre alt

Umweltkontrolle

Die Probandin will fünf Kilo abnehmen. Sie schaut darauf, dass sich keine Süßigkeiten oder ungesunde Nahrung bei ihr Zuhause befinden. Sie achtet darauf, gesund einzukaufen und vermeidet daher alle Gänge im Supermarkt mit ungesunder Nahrung, um die besten Umweltbedingungen herzustellen. Somit schafft sie sich bewusst die besten Voraussetzungen, um ihren Plan realisieren zu können.

Das Weitern wird ihr Plan mit Trainingseinheiten unterstützt. Sie arbeitet nach der SMART-Methode und erstellt somit die besten Voraussetzungen, um ihr Ziel zu erreichen. Ihre Trainingsmatte positioniert sie in einem ruhigen Ort in ihrem Zuhause. Wenn sie trainiert, verzichtet sie aufs Handy und Fernsehen. Das Einzige, das sie unterstützt, ist die Musik im Hintergrund.

Aufmerksamkeitskontrolle

Beim Training verzichtet sie bestimmt auf das Handy und auf die Gespräche mit ihrem Partner. Sie konzentriert sich insgesamt nur auf ihre Trainingseinheiten. Das Weitern achtet sich beim Einkaufen auf gesunde Ernährung. Sie kauft statt Süßigkeiten Obst und Wasser.

Bei der Aufmerksamkeitskontrolle wird darauf geachtet, dass insbesondere Störungen ausgeblendet werden (kartei karte.com, 2021).

Enkodierungskontrolle

Des Weiteren achtet sie darauf, dass nur gesunde Nahrung eingekauft wird und ihre Trainingseinheiten eingehalten werden. Sie speichert bewusst ihr Rituale im Kopf und fokussiert sich im Großen und Ganzen auf ihr Ziel.

Motivationskontrolle

Sie ist sich ihres Ziels bewusst und weiß, dass sich diese anstrengende Arbeit am Ende lohnen wird (positive Anreize). Sie wird ihren, nach ihrer Vorstellung, perfekten Körper erreichen. Aus diesem Grund verzichtet sie bestimmt auf Ablenkungen wie Süßigkeiten und achtet auf das Einhalten ihrer Trainingseinheiten. Sie ist sich bewusst, dass sie nach der Zielerreichung ihren perfekten Körper erreichen wird und später kontrolliert z.B. ein Stück Kuchen auf einer Geburtstagsparty essen kann.

Emotionskontrolle

Die Probandin hält sich immer vor Augen, was sie bis dato erfolgreich umgesetzt hat. Diese Umsetzung kann sich insbesondere auf die erfolgreiche Umsetzung und Verzicht sein Längerem auf ungesunde Nahrung und die Einhaltung der Trainingseinheiten beziehen, insbesondere jedoch auf die erfolgreiche Reduzierung des Gewichts.

Entstehen bei der Zielerreichung negative Emotionen, so können sie durch bereits erlernte Tätigkeiten bewältigt werden. So kann die Probandin ihr Ziel fortsetzen.

3. Textteil zu Aufgabe B

3.1 Was sind Emotionen?

Unter Emotion wird eine Reaktion verstanden, die sich auf den Gesamtorganismus auswirkt. Es ist eine physiologische Erregung, Ausdrucksverhalten und eine bewusste Empirie (Jansen, 2018, S.119).

Emotionen sind psychologische Zustände, physiologische Reaktionen und Anpassungsreaktionen (Jansen, 2018, S. 5). Emotionen helfen dabei, sich Individuen in diversen Gegebenheiten besser anzupassen zu können und die Ziele zu erreichen (Jansen, 2018, S. 5).

Emotion kommt aus dem Lateinischen und bedeutet von einem lateinischen Wort und bedeutet übersetzt „herausbewegen", „vertreiben" oder „unterbrechen" (Sokolowski, 2016, S. 296; Jansen, 2018, S. 9). Unter dem Begriff wird auch die Strömung eines Gleichgewichtes verstanden (ebda.)
Der Ursprung dieses Terminus ist sowohl in der Migrationsbewegung von Menschen als auch in der tektonischen Bewegung zu finden (ebda.).
Es gibt sowohl positive als auch negative Emotionen. Laut Fetchenhauer (2011, S.53) gibt es auf der einen Seite die Aussichten und das Erleben von positiven Emotionen und auf der anderen Seite gibt es auch das Vermeiden von negativen Emotionen (Jansen, 2018, S. 9).
Positive Emotionen erzeugen einen Zustand im Körper, der dafür sorgt, Individuen zu motivieren und die Ziele zu erreichen (Jansen, 2018, S. 5).
Erlebte positive Emotionen zeigen, dass ein Individuum seine Ziele erreicht hat (ebda.).

Zimbardo, Gerring und Graf (2011, S. 454) sind der Meinung, dass „Emotion" ein sehr komplexes und vielsichtiges Konzept ist (Jansen, 2018, S. 9). Auch Sokolowski ist der Meinung, dass *„kein anderer Bereich des seelischen Geschehens so viele verschiedene Qualitäten, Nuancen und Intensitätsgrade aufweist wie Gefühle und Emotionen." (zit. nach Sokolowski, 2016, S. 296; Jansen, 2018, S.9)*

Für den Begriff „Emotion" gibt es keine einheitliche und akzeptierte Definition (Brandstätter, Schüler, Puca & Lozo, 2013, S. 130; Sokolowski, 2016, S. 296; Stemmler, Schmidt-Atzert & Peper, 2014, S. 20; Jansen, 2018, S. 9).

So beschreiben Fehr und Russel den Terminus „Emotion" folgendermaßen: „*Everyone knows what an emotion is, until asked to give a defintion.*" Stemmler et al. (2014, S. 21; Jansen, 2018, S. 9).

Da es keine einheitliche Definition gibt, entstehen laut Stemmler et. al (2014, S.36) in der Forschung folgende Probleme:

- Vermeintlich widersprüchliche Forschungsergebnisse
- Mangelnde Übereinstimmungen von Begriffsdefinitionen

Aus diesem Grund probieren Myers, Hoppe-Graff und Keller (2014, S. 496), Brandstätter et al. (2013, S. 130) und Stemmler et al., 2014, S. 25–26 den Begriff folgendermaßen zu definieren.

Myers, Hoppe-Graff und Keller (2014, S. 496) definieren „Emotionen" folgendermaßen: „*Reaktion des ganzen Organismus, die 1. Physiologische Erregung, 2. Ausdrucksverhalten und 3. Bewusste Erfahrung beinhaltet*" (Jansen, 2018, S. 10).

Laut Brandstätter et al. (2013, S. 130): „*Emotionen haben subjektive erfahrbare und objektive erfassbare Komponenten, die zielgerichtetes Verhalten begleiten beziehungsweise fördern, das dem Organismus eine Anpassung an seine Lebensbedingungen ermöglicht.*" (Jansen, 2018, S. 10).

Als letztes definiert Stemmler et al., 2014, S. 25–26 den Begriff „Emotionen" folgendermaßen: „*Eine Emotion ist ein qualitativ näher beschreibbarer Zustand, der mit Veränderungen auf einer oder mehreren der folgenden Ebenen einhergeht: Gefühl, körperlicher Zustand und Ausdruck*" (Jansen, 2018, S. 10*)*.

Laut Brandstätter und Otto (2009, S.13) gibt es ohne Emotion keine Motivation und ohne Motivation gibt es keine Emotion (Jansen, 2018, S. 9).

3.2 Wie entstehen Emotionen?

Für die Entstehung der Emotionen werden sowohl die Beschreibung von Wissenschaftler Scherer (1990) als auch die Meinung von Mesquita/Frijda (1992) herangezogen.

Scherer (1990) beschreib die Entstehung der Emotionen anhand des Komponentenmodells. Er ist der Meinung, dass Emotionen durch eine physiologische Erregung hervorgehen. Diese physiologische Erregung wird durch das sympathische Nervensystem erzeugt. In dem Fall handelt es sich dabei zum Beispiel um erhöhten Herzschlag, Anstieg des Blutdruckes, erweiterte Pupillen usw. Das Gegenteil von sympathischem Nervensystem ist das parasymathische Nervensystem. Das parasymathische Nervensystem ist insbesondere für die Erreichung des Normalzustandes zuständig (Becker-Carus, 2004, S. 490; Urban, 2008, S. 20).
Des Weiteren ist für die Entstehung der Emotionen vor allem das limbische System zuständig (Zilles & Rehkämper,1998, S. 302-309; Urban, 2008, S. 20).

Mesquita und Frijda (1992) sind der Meinung, dass die Entstehung von Emotionen durch sieben Komponenten beeinflusst werden:
„Am Anfang steht ein Ereignis, ein Gedanke, eine Erinnerung o. ä. (1), welches vom Individuum kategorisiert wird (2). Die subjektive Einschätzung (3) führt letztlich zu physiologischen Reaktionsmustern (4), welche eine Veränderung der Handlungsbereitschaft (5) nach sich zieht. Der Ausdruck in Form von Gestik, Mimik, Körperhaltung etc. (6) wirkt hierbei als Katalysator und beschleunigt die emotionale Regulation (7)" (Mesquita/Frijda (1992), S.180; zit. nach. Urban, 2008, S. 21)

Viele Forscher gehen davon aus, dass Emotionen durch einen Reiz entstehen.
Laut Schmidt-Atzert (1996) können Emotionen auch bei konstanten Situationsspezifika entstehen. Diese konstanten Situationsspezifika sind zum Beispiel der kognitive Impuls (Schmidt-Atzert, 1996, S. 20; Urban, 2008, S. 21).

3.3 Erläutern Sie die Bedeutung des Umgangs mit und die Regulation von Emotionen im beruflichen Alltag.

Das Vorhandensein von Emotionen im Alltag ist sehr wichtig. Viele unterschiedliche Faktoren werden von Emotionen beeinflusst und gesteuert. Diese Faktoren können sich auf die Reizintensität, die Verhaltensprozesse und die Fähigkeit der Individuen zur Emotionsregulation der Motivations- und Handlungsgrundlage beziehen (Urban 2008; S.10). Emotionen sind wichtig während sozialen Interaktionen (ebda.).

Laut Urban (2008) hat die Ordnung des Arbeitsplatzes und der Arbeitsplatzumgebung, die von einem Unternehmen vorgegeben wird, einen wichtigen Einfluss auf das Erleben von Emotionen, die bei den Mitarbeitern entstehen.

Durch diesen Faktor wird insbesondere die Leistungsfähigkeit beeinflusst:

„The influence of emotional reactions to organizational events […] may seriously weaken personal commitment to organizationally desired goals and, in turn, job performance." (zit. nach Lord & Kanfer, 2002, S. 11; Urban 2008; S.10).

Insbesondere die Führungskräfte sind für die Regulation von Emotionen im Unternehmen zuständig. Führungskräfte sollen, laut Goleman (1995, 1998b, 2000b, 2003), das emotionale Erleben von eigenen Mitarbeiter als Informationsquelle nutzen, um die Mitarbeiter in ihren Zielen besser leiten zu können und das Verhalten von Mitarbeitern zu verstehen (Urban 2008; S.12).

Somit spielt die Regulation von Emotionen bei den Mitarbeitern durch die Führungskräfte im beruflichen Alltag eine wichtige Rolle.

Die Regulation und die damit verbundenen Emotionen können sich zum Beispiel auf das negative Befinden eines Mitarbeiters auswirken. Dadurch kann die Führungskraft folgenden Punkt beobachten und daraus seine diversen Maßnahmen für die Regulierung der Emotionen und Verhalten schließen (ebda. 20).

Ein negatives Befinden eines Mitarbeiters kann sich auf folgende Faktoren auswirken: Leistungsminderung am Arbeitsplatz zum Beispiel durch ein Fehlverhalten des Vorgesetzten oder durch Stress und Unzufriedenheit, welche den Mitarbeiter oder die Mitarbeiterin selbst beeinflussen. Diese Unzufriedenheit kann mit einem schlechten Zeitmanagement zusammenhängen, was darauf schließt, dass die Person durch die Führungskraft an die Selbstverantwortung erinnert werden muss (ebda.).

Als nächstes Bespiel kann eine Flugbegleiterin oder ein Flugbegleiter für die Erklärung herangezogen werden. Die Berufsgruppe ist starken kognitiven wie emotionalen Belastungssituationen ausgesetzt. Die Kundenzufriedenheit ist das A und O. Somit ist ein emotionalerer Stimulus notwendig, um Probleme und Konflikte zu lösen. Ein Beispiel für so einen Stimulus könnte sein, dass der Fluggast sich lautstark über den mangelnden Service beschwert. Dieses Problem kann anhand von Regulation reduziert oder gelöst werden. Durch die Regulation kann die emotionale Reaktion wie Wut nicht auftreten und wird eher gegen den Fluggast als Gelassenheit gezeigt (ebda., S. 46)

Anbei eine Grafik, die die Bedeutung des Umgangs mit und die Regulation von Emotionen im beruflichen Alltag bildlich erklärt.

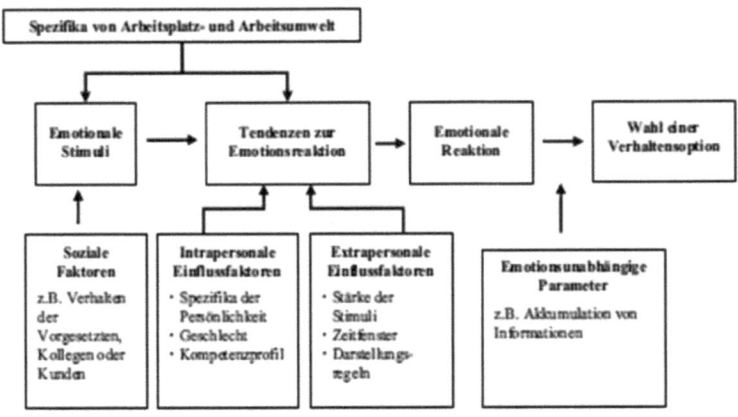

Abbildung 2: Emotionaler Wirkmechanismus
Quelle: Urban 2008; S.47; Anlehnung an Pugh (2002), S. 149.

3.4 Was versteht man unter dem Begriff „Emotionsarbeit".

Der Begriff „Emotionsarbeit" kommt ursprünglich aus der Emotionsregulation im Arbeitskontext und wurde durch Hochschild (1983) eingeführt.
Der Terminus Emotionsarbeit ist dafür da, konkrete Gefühle herbeizuführen oder diese zu unterdrücken (Jansen, 2018, S. 85). Somit handelt es sich um eine Manipulation,

da die Emotionen in eine Richtung gelenkt werden (Jansen, 2018, S. 114). Als Beispiel kann eine Krankenschwerter genannt werden, die mit aggressiven Patienten zu tun hat. Obwohl sie auf diese Patienten mit negativen Emotionen reagieren müsste, unterdrückt sie ihre Emotionen. Das Gefühl von Ärger wird somit unterdrückt. Diese Unterdrückung beziehungsweise die Herbeiführung ebendieser soll zum beruflichen Erfolg führen (ebda.)

Hochschild (1983) und Brandstätter et al. (2013, S. 178–179) unterscheiden Emotionsarbeit zwischen zwei Formen. Diese lauten:

- Surface acting
- Deep acting

Surface acting:
Beim surface acting handelt es sich um einen emotionalen Ausdruck, der unterdrückt wird (Krankenschwester würde lächeln). Das Erleben von Emotionen wird bei Surface acting zugelassen. Krankenschwester ärgert sich über ihren Patienten. (Jansen, 2018, S. 114).

Deep acting:
Beim deep acting handelt es sich um eine verkehrte Form zum surface acting. Hier wird das Erleben der Emotion unterdrückt. Das heißt, dass der emotionale Ausdruck überhaupt nicht auftritt.
Die Krankenschwester kann diese Emotionen dadurch steuern, dass sie sich sagt, dass das Verhalten von Patienten zum Alltag von Krankenschwestern gehört (Jansen, 2018, S. 114).

4. Textteil zu Aufgabe C

4.1 Unterschied zwischen explizitem und implizitem Motiv

Bei beide Motiven handelt es sich um zwei voneinander unabhängige Systeme und um unterschiedliche Klassen von Verhaltensweisen. Nichtsdestotrotz sind das Motivsysteme, die miteinander zusammenarbeiten. Sie können sich wechselseitig hemmen oder fördern (Brunstein 2010, S. 249; Langens 2009, S. 221; Jansen, 2018, S. 98).

Motive kommen erst dann zum Vorschein, wenn es für sie in der Umwelt bestimmte Anreize gibt. Allgemein unterscheiden sich diese Motive ausdrücklich im Hinblick auf die wirksamen Reize (Brandstätter et al., 2013, S.69; Jansen, 2018, S. 95) und die unterschiedlichen Klassen von Verhaltensweisen (Brundstein, 2010, S. 249; Langens, 2009, S. 221; Jansen, 2018, S. 98). Diese unterschiedlichen Reize können sowohl Anreize in der Tätigkeit als auch sozial-evaluative Anreize sein. Die unterschiedlichen Klassen von Verhaltensweisen beziehen sich auf operantes als auch auf das respondentes Verhalten (ebda.).

Von eminenter Bedeutung im Rahmen der Erforschung von Leistungs-, Anschluss-, und Machtmotiv ist die Frage, wie die Unterschiede, die sich zwischen den Individuen ergeben, hinreichend erfasst und gemessen werden können (Brandstätter et al. 2013, S. 67–68; Brunstein 2010, S. 235–236; Puca und Langens 2016, S. 207; Scheffer 2009, S. 30; Jansen, 2018, S. 93). Laut McClelland et al. (1989) darf darüber hinaus nicht übersehen werden, dass die unterschiedlichen Messinstrumente, die die Motive messen, oftmals nicht miteinander korrespondieren, obschon es sich um die idente Motivinhaltsklasse handelt (McClelland et al. 1989, zitiert nach Brandstätter et al. 2013, S. 68 und Brunstein 2010, S. 238; Puca und Langens 2016, S. 207; Jansen, 2018, S. 93). Die fehlende Korrelation ist kausal dafür, dass mithin keine völlig reliablen Ergebnisse erzielt werden können, die den Anforderungen der Forschungspraxis genügen. Darüber hinaus wurde hinsichtlich der nicht validen und reliablen Ergebnisse, die aus den unterschiedlichen Messverfahren hervorgingen, die These vertreten, dass die unterschiedlichen Verfahren im Rahmen der Messung an unterschiedliche Indikatoren anknüpfen, die per se nicht miteinander korrelieren können (Jansen, 2018, S. 96). Ein weiterer Erklärungsansatz, der die divergierenden

Ergebnisse plausibilisieren sollte, war die Auffassung der Koexistenz von zwei unterschiedlichen Motivsystemen, die in implizite und explizite Motive unterteilt wurden (McClelland et al. 1989, S. 690–702, zitiert nach Brandstätter et al. 2013, S. 68; Jansen, 2018, S. 93).

Den sog. impliziten Motiven ist immanent, dass sie im Vergleich zu expliziten Motiven schwerer zu messen sind, da es sich um jene Erfahrungen handelt, die im frühkindlichen Stadium wahrgenommen werden. Die positive Erfahrung in Form von Stolz, die mit der Bewältigung einer Herausforderung einhergeht, ist ein Beispiel für das Leistungsmotiv, das auf das positive Empfinden, das wiederum „belohnt" wird, abstellt. Es handelt sich hierbei um eine rein affektive Wahrnehmung, wobei der kognitive Prozess hierfür unbeachtlich ist, da der Affekt, also die seelische Wahrnehmung, das zentrale Element der Empfindung bildet.

Stabilisierung von Präferenzen sind wichtig im Fall eines Leitungsmotivs. Die Stabilisierung von den Präferenzen findet immer im Bereich eines affektiven Lernprozesses statt (Langens 2009, S. 219; Jansen, 2018, S. 94). Stabilisierung von Präferenzen von Leistungsmotivs laufen laut Langens (2009) wie folgt ab:

„Wenn die Auseinandersetzung mit einer herausfordernden Aufgabe durch den Einsatz von Ausdauer und Anstrengung wiederholt zu dem Meistern der Aufgabe führt, dann ruft die erneute Konfrontation mit einer Herausforderung eine positive Erwartungsemotion (Vorfreude) hervor, die eine Person dazu antreibt, Erfolg in der Auseinandersetzung mit dieser Aufgabe – und damit eine Wiederholung der positiven affektiven Erfahrungen – anzustreben" (zit. nach Langens 2009, S. 219; Jansen, 2018, S. 94).

Beim Anschlussmotiv handelt es sich wiederum um eine positive affektive Erfahrung, die sich auf Harmonie bezieht, zu erleben. Im Großen und Ganzen spielt hier die Akzeptanz in sozialen Situationen eine wichtige Rolle (Brandstätter et al. 2013, S. 68; Brunstein 2010, S. 237–239; Scheffer 2009, S. 33–34; Jansen, 2018, S. 94).

Damit einher geht, dass affektive Erfahrungen mit bestimmten Anreizen assoziiert werden, da auch künftig ähnliche Affekte erwartet werden können. Eine bewusste

Wahrnehmung erfolgt nicht, so dass ein Selbstbericht faktisch ins Leere verlaufen würde. Aus diesem Grund werden die impliziten Motive auch als affektgesteuerte Bedürfnisse bezeichnet. Ein Instrument, das affektive Wahrnehmungen erfasst, wäre der thematische Auffassungstest (TAT) nach Morgan und Murray (1935). Das Weiteren werden die impliziten Motive auch durch weitere ähnliche Instrumente erfasst. Diese sind:

- Gittertechnik nach Schmalt (1976)
- Multi-Motiv-Gitter (MMGC) nach Sokolowski und Schmalt (2010)
- Operante Motivtest (OMT) nach Kuhl und Schaeffer (1999)
- Operanter Multi-Motiv-Test nach Kuhl (2012)

Demgegenüber stehen explizite Motive, die aus einer Selbstzuschreibung einer Person resultieren. Dabei handelt es sich um eine bewusste und vor allem wahrgenommene Motive, die für ein bestimmtes Verhalten kausal sind. Darüber hinaus handelt es sich um eine bewusste Kognition, die die affektive Erfahrung zurückdrängt. Im Rahmen eines Selbstberichts können explizite Motive erfasst und somit auch gemessen werden. Explizite Motive werden über einen Fragegebogen gemessen.

Bei diesem Fragebogen handelt es sich um den sogenannten Test „Personality Research Form" (PRF) nach Stumpf et al. (1985). Bei diesem Verfahren handelt es sich um einen Persönlichkeitsfragebogen. Dieser Fragebogen bezieht sich auf folgende Subskalen: „Leistung", „Affiliation" und „Dominanz". Diese Subskalen werden meistens zur Messung von expliziten Motiven herangezogen, so Brandstätter et al. (2013, S. 72) sowie Asendorpf und Neyer (2012, S. 174–175).

Somit lassen sich auch explizite Motive durch ein Beispiel erklären. Dieses Beispiel fokussiert sich insbesondere auf ein explizites Leistungsmotiv.

„Ich bin ein leistungsorientierter Mensch". Dadurch wird das implizite Motiv befriedigt, da das bestimmte Leistungsziel und das Leistungsverhalten übertragen wird (Brandstätter et al. 2013, S. 68; Jansen, 2018, S. 94).

Des Weiteren werden weitere Messinstrumente für die Erfassung von expliziten Motiven verwendet, diese beziehen sich auf folgende Testverfahren:

- Achievement Motive Scale (AMS) nach Gjesme und Nygard (1970)

- Mehrabian Achievement Risk Preference Scale (MARPS) nach Mehrabian (1969)

Des Weiteren werden beide Motive unterschiedlich differenziert.

Personen, die implizit motiviert werden, werden durch intrinsische Anreize beeinflusst (Brandstätter et al. 2013, S. 69; Brunstein 2010, S. 244; Puca und Langens 2016, S. 207; Scheffer 2009, S. 31; Jansen, 2018, S. 95).

Personen, die explizit motiviert werden, werden eher durch die extrinsischen Anreize beeinflusst (Brandstätter et al. 2013, S. 69–70; Brunstein 2010, S. 244; Puca und Langens 2016, S. 207; Scheffer 2009, S. 31; Jansen, 2018, S. 95).

Explizite Motive gehen aus klar strukturierten Situationen hervor. Diese Situationen beziehungsweise Reaktionen, die dadurch entstehen, werden auch als respondentes Verhalten bezeichnet (Asendorpf und Neyer 2012, S. 174–175; Brandstätter et al. 2013, S. 68–69; Brunstein 2010, S. 241; Langens 2009, S. 220; Jansen, 2018, S. 95). Implizite Motive sind spontan und gehen aus Eigeninitiative hervor. Somit werden diese Reaktionen auch als operantes Verhalten bezeichnet (Asendorpf und Neyer 2012, S. 174–175; Brandstätter et al. 2013, S. 69; Brunstein 2010, S. 241; Langens 2009, S. 219; Jansen, 2018, S. 95).

Laut Puca und Langens (2016) lässt sich zusammenfassend feststellen: *„Explizite Motive [stellen] das motivationale Selbst-konzept einer Person dar, während implizite Motive die nicht notwendig bewusste affektive Basis aller Motivationsprozesse bilden"* (zit. nach Puca und Langens 2016, S. 207; Jansen, 2018, S. 96).

4.2 Was versteht man unter dem Begriff „Motivinkongruenz?"

Motivinkongruenz unterscheidet sich von dem Begriff Motivkongruenz dadurch, dass es sich bei diesem Terminus um mangelnde übereinstimmende Ausprägung von expliziten und impliziten Motiven handelt (Brandstätter et al., 2013, S: 73; Jansen, 2018, S. 98).

Insgesamt gibt es vier Kategorien von Motivkongruenzen (Brandstätter et al. 2013, S. 72-73; Jansen, 2018, S. 98).

- Motivkongruenz Typ I
- Motivkongruenz Typ II
- Motivinkongruenz Typ I
- Motivinkongruenz Typ II

Bei dieser Frage werden nur die letzten zwei Typen genauer beschrieben, Motivinkongruenztyp I und Motivinkongruenztyp II (ebda.).

Beim Motivinkongruenz Typ I handelt es sich um Personen mit folgendem Denken/Motiv: „Ich habe das Gefühl, nicht so zu handeln, wie ich wirklich bin." (Jansen, 2018, S. 98).
Dieses Motiv bezieht sich auf ein wenig ausgeprägtes explizites Motiv und gleichzeitig auf ein hohes ausgeprägtes implizites Motiv. Diese differenzielle Ausprägung lässt sich wie folgt erklären (ebda.).
Personen mit wenig ausgeprägtem expliziten Motiv entwickeln ein geringes explizites Leistungsmotiv. Somit hat das Individuum kein ausreichend anspruchsvolles Leistungsziel (ebda.)
Personen wiederum mit hoch ausgeprägten impliziten Motiven haben ein hohes Verlangen nach herausfordernden Tätigkeiten. Sie genießen den Prozess der Problemlösung (ebda.)
Als nächstes wird der zweite Typ von Motivinkongruenz beschrieben. Bei diesem Typ sind die impliziten und expliziten Motive verkehrt zum Motivinkongruenztyp I positioniert. Das heißt, dass das explizite Motiv hoch ausgeprägt ist und dass das implizite Motiv somit wenig ausgeprägt ist. Das bedeutet, dass die Individuen hoch anspruchsvolle Leistungsziele generieren. Nichtsdestotrotz fehlt dabei die ausreichende Ausprägung des impliziten Leistungsmotivs für die erfolgreiche Umsetzung von Zielen.
Somit lassen sich solche Personen, die folgendes Muster aufzeichnen, mit folgenden Satz: „Ich muss mich überwinden, die Tätigkeit anzugehen" erklären.

4.3 Welche negativen Folgen kann die Motivinkongruenz haben?

Motivinkongruenz kann negative Folgen aufgrund von anhaltend wirkender intrapsychischer Stressor haben. Dieser kann wiederum auf der einen Seite das psychische wie das physische Wohlbefinden als auch die Lebenszufriedenheit stark beeinflussen (Brandstätter et al. 2013, S. 73–74; Brunstein 2010, S. 250–251; Scheffer 2009, S. 31; Jansen, 2018, S. 31).

Ein Beispiel dafür ist der „Traumjob" einer Person. Diese Person fühlt sich schlecht in ihrem „Traumjob", obwohl eine positive kognitive Einschätzung vorhanden ist. Die Problematik liegt darin, dass die neuen Herausforderungen mit einem geringen impliziten Leistungsmotiv verbunden sind. Somit ist dadurch die intrinsische „Energie" zu gering und die expliziten Motive können folglich nicht befriedigt werden (Brandstätter et al. 2013, S. 75; Jansen, 2018, S. 31).

4.4 Wie können die Präventions- oder Interventionsmaßnahmen aussehen, um Motivkongruenz herzustellen?

Eine Motivkongruenz liegt dann vor, wenn explizite und implizite Motive miteinander korrespondieren, wobei nicht übersehen werden darf, dass sich in der Forschungspraxis bisher lediglich ein geringes Korrelationspotential gezeigt hat. Festgehalten werden kann, dass zwei wesentliche Determinanten vorliegen müssen, um eine Motivkongruenz herzustellen. Betrachtet man den Aspekt der sportlichen Leistung, dann lassen sich zwei kongruente Motive feststellen, die impliziten und die expliziten Motive, die unterschiedliche Variablen beinhalten und somit einer Kongruenz zugänglich sind, da sie miteinander korrelieren. Die impliziten Motive, also die Impulskontrolle, bilden hierbei eine wesentliche Variable, da sie die Grundlage für die Zielerreichung darstellen (vgl. Kuhl et al. 2003: 139). Die expliziten Motive beinhalten die Fähigkeit zur Selbststeuerung als Variable, die mithin pars pro toto die Grundlage für die Kongruenz bildet (vgl. ebd.). Interessant erscheint der Umstand, dass jene Personen, die über ein gutes Körpergefühl verfügen und ferner lediglich eine geringe Ausprägung der Selbstüberwachungskompetenz aufweisen, eher dazu neigen (vgl. Brandstätter et al. 2018: 92ff.).

Überschätzt respektive unterschätzt eine Person beispielsweise in sportliche Hinsicht ihr Können, dann liegt eine Motivinkongruenz vor, die mithin auch kausal für eine (spätere) psychische Erkrankung sein kann (vgl. Baumann et al. 2005: 10ff.). Durch die Beeinflussung von impliziten Motiven kann eine Motivkongruenz hergestellt werden, wobei die einzelnen individuellen Motive zunächst bloßgelegt werden müssen, um sodann auf die einzelnen Motive Einfluss zu nehmen. Durch bestimmte Testverfahren, wie dem TAT, können implizite Motive gemessen werden, wobei dies die Grundlage für die Herstellung einer Motivkongruenz darstellt (vgl. Brandstätter et al. 2013: 70). Die impliziten Motive sind somit durch eine gezielte Intervention einer Beeinflussung zugänglich, die sodann mit den expliziten Motiven, um eine entsprechende Kongruenz herzustellen, abgestimmt werden können.

Literaturverzeichnis

Asendorpf, J. & **Neyer,** F. J. (2012): Psychologie der Persönlichkeit. Mit 110 Tabellen. 5., vollst. überarb. Aufl. Berlin, Heidelberg: Springer (Springer-Lehrbuch).

Achtziger, A., & **Gollwitzer,** P. M. (2009a): Intentionstheoretischer Ansatz. In: Veronika Brandstätter, Jürgen H. Otto und Jürgen Bengel (Hg.): Handbuch der Allgemeinen Psychologie - Motivation und Emotion. Göttingen: Hogrefe (Handbuch der Psychologie, / hrsg. von J. Bengel … ; Bd. 11), S. 209–213.

Baumann, N., **Kaschel,** R., & **Kuhl,** J. (2005): triving for unwanted goals: Stress-dependent discrepancies between explicit and implicit achievement motives reduce subjective well-being and increase psychosomatic symptoms, Journal of Personality and Social Psychology, Ausgabe 89

Becker-Carus, C. (2004): Allgemeine Psychologie. München.

Brandstätter, V. & **Otto,** J. H. (2009). Motivation und Emotion: Eine Einführung. In V. Brandstätter, J. H. Otto & J. Bengel (Hrsg.), Handbuch der Allgemeinen Psychologie - Motivation und Emotion (Handbuch der Psychologie, / hrsg. von J. Bengel … ; Bd. 11, S. 13–17). Göttingen: Hogrefe.

Brandstätter, V., **Schüler,** J., **Puca,** R., M. & **Lozo,** L. (2013): Motivation und Emotion. Allgemeine Psychologie für Bachelor ; mit 9 Tabellen ; [Lesen, Hören, Lernen im Web]. Berlin: Springer (Springer-Lehrbuch).

Brandstätter, V., **Schüler,** J., **Puca,** R. M., **Lozo,** L. (2018): Motivation und Emotion: Allgemeine Psychologie für Bachelor, 2 Auflage, Springer Verlag, Wiesbaden

Brunstein, J. C. (2010): Implizite und explizite Motive. In: Jutta Heckhausen und Heinz Heckhausen (Hg.): Motivation und Handeln. 4., überarbeitete und erweiterte Auflage. Berlin, Heidelberg: Springer-Verlag Berlin Heidelberg (Springer-Lehrbuch), S. 235–255.

Deimann, M., **Weber,** W., & **Bastiaens,** T. (2008): IfBM.Impuls. olitionale Transferunterstützung (VTU) – Ein innovatives Konzept (nicht nur) für das Fernstudium. FernUniversität in Hagen: Schriftenreihe des Instituts für Bildungswissenschaft und Medienforschung.

Fetchenhauer, D. (2011): Psychologie. München: Vahlen.

Gerrig, R. J.; **Zimbardo,** P. G.; **Graf,** R. (2011): Psychologie. 18., aktualisierte Aufl., [Nachdr.]. München: Pearson Higher Education (Always learning).

Goleman, D. (1995): Emotional Intelligence. Why It Can Matter More Than IQ. New York.

Goelman, D. (1998b): What Makes a Leader? In: Harvard Business Review 76 (6), S. 93-102.

Goleman, D. (2000b): Leadership That Gets Results. In: Harvard Business Review 78 (2), S. 78-90.

Goleman, D. (2003): Emotionale Führung. 1. Auflage, München und Berlin.

Goschke, T. (2016): Volition und kognitive Kontrolle. In: Jochen Müsseler (Hg.): Allgemeine Psychologie. 2., neu bearbeitete Auflage, Nachdruck als limitierte, einfarbige Sonderauflage. Berlin, Heidelberg: Springer, S. 232–293.

Heckhausen, H.; **Gollwitzer,** P. M. (1987): Thought contens and cognitive functioning in motiva-tional versus volitional states of mind. In: Motivation and Emotion 11, S. 101–120.

Heckhausen, J., **Heckhausen,** H. (2010): Motivation und Handeln: Einführung und Überblick. In: Heckhausen J., Heckhausen H. (eds) Motivation und Handeln. Springer-Lehrbuch.

Hochschild, A. R. (1983). The managed heart. Commercialization of human feeling. Berkeley, CA: University of California Press.

Jansen, L. (2018): Studienbrief SRH Fernhochschule. Motivation und Volition.

Jansen, L. (2018): Studienbrief SRH Fernhochschule.Emotion.

Kuhl, J. (1983): Motivation, Konflikt und Handlungskontrolle. Berlin: Springer.

Kuhl, J., **Scheffer,** D., **Eichstaedt,** J. (2003): Der Operante Motiv-Test (OMT): Ein neuer Ansatz zur Messung impliziter Motive, In: Rheinberg, F., Stiensmeier-Polster, J., Diagnostik von Motivation und Selbstkonzept, Hogrefe Verlag, Göttingen

Langens, T. A. (2009): Leistung. In: Veronika Brandstätter, Jürgen H. Otto und Jürgen Bengel (Hg.): Handbuch der Allgemeinen Psychologie - Motivation und Emotion. Göttingen: Hogrefe (Handbuch der Psychologie, / hrsg. von J. Bengel ...; Bd. 11), S. 217–224.

Lord, R./Kanfer, R. (2002): Emotions and Organizational Behavior. In: Lord, R./Klimoski, R./Kanfer, R. (Hrsg.): Emotions in the Workplace. San Francisco, S. 5-19.

Max-Planck-Institut für Psychologische Forschung (Hrsg.). (1990). Heinz Heckhausen: Erinnerungen, Würdigungen, Wirkungen. Berlin: Springer.

McClelland, D. C.; **Koestner,** R.; **Weinberger,** J. (1989): How do self-attributed and implicit motives differ? In: Psychological Review 96 (4), S. 690–702

Mesquita, B. & **Frijda,** N. (1992): Cultural Variations in Emotions: A Review. In: Psychological Bulletin 112 (2), S. 179-204.

Müsseler, J. & **Rieger,** M. (Hg.) (2017): Allgemeine Psychologie. 3. Aufl. 2017. Springer-Verlag, Seite 232.

Myers, D. G.; **Hoppe-Graff,** S.; **Keller,** B. (2014): Psychologie. 3., vollst. überarb. und erw. Aufl. Berlin: Springer (Springer-Lehrbuch).

Pelz, W. (2020): Von der Motivaton zur Volition. Wünsche und Motive in Resultate (Erfolge) umsetzen. Institut für Management-Innovation. Prof. Dr. Waldemar Pelz. Volition ist wichtiger als Motivation: Definition, Test und Praxis (volition-motivation.de)

Puca, R. M. & **Langens,** T. A. (2016): Motivation. In: Jochen Müsseler (Hg.): Allgemeine Psychologie. 2., neu bearbeitete Auflage, Nachdruck als limitierte, einfarbige Sonderauflage. Berlin, Heidelberg: Springer, S. 190–229.

Pugh, S. (2002): Emotional Regulation in Individuals and Dyads. In: Lord, R./Klimoski, R./Kanfer, R. (Hrsg.): Emotions in the Workplace. San Francisco, S. 147-182.

Quirin, M., & **Kuhl,** J. (2009): Handlungskontrolltheorie. In: Veronika Brandstätter, Jürgen H. Otto und Jürgen Bengel (Hg.): Handbuch der Allgemeinen Psychologie - Motivation und Emotion. Göttingen: Hogrefe (Handbuch der Psychologie, / hrsg. von J. Bengel … ; Bd. 11), S. 157–162.

Rheinberg, F.; **Vollmeyer,** R.; **Leplow,** B. & **Selg,** H. (2012): Motivation. 8., aktualisierte Aufl. Stuttgart: Kohlhammer (Kohlhammer-Urban-Taschenbücher, 555).

Scheffer, D. (2009): Implizite und explizite Motive. In: Veronika Brandstätter, Jürgen H. Otto und Jürgen Bengel (Hg.): Handbuch der Allgemeinen Psychologie - Motivation und Emotion. Göttingen: Hogrefe (Handbuch der Psychologie, / hrsg. von J. Bengel … ; Bd. 11), S. 29–36.

Schmidt-Atzert, L. (1996): Lehrbuch der Emotionspsychologie. Stuttgart u.a.

Sokolowski, K. (2016). Emotion. In J. Müsseler (Hrsg.), Allgemeine Psychologie (2., neu bearbeitete Auflage, Nachdruck als limitierte, einfarbige Sonderauflage, S. 292–329). Berlin: Springer.

Schönpflug, W. & **Schönpflug,** U. (1997): Psychologie. Allgemeine Psychologie und ihre Verzweigungen in die Entwicklungs-, Persönlichkeits- und Sozialpsychologie; ein Lehrbuch für das Grundstudium. 4. Aufl. Weinheim: Beltz Psychologie Verl.-Union.

Stemmler, G., **Schmidt-Atzert,** L. & **Peper,** M. (2014). Emotionspsychologie. Ein Lehrbuch (2., voll-ständig überarbeitete und erweiterte Auflage). s.l.: W. Kohlhammer Verlag.

Steuer, G., **Fasching,** M., & **Dresel,** M. (o.J): Augsburg - Lern- und Leistungsmotivation I: Grundlagen und Komponenten. Universität Würzburg. Lern- und Leistungsmotivation I: Grundlagen und Komponenten: 1.3 Das Rubikon-Modell der Handlungsphasen (uni-wuerzburg.de)

Urban, F. Y. (2008): Emotionen und Führung. Theoretische Grundlagen, empirische Befunde und praktische Konsequenzen. Wiesbaden: GWV Fachverlag GmbH.

Werner S. (o.J.): Volition. Wien. Linz. Freiburg: Lexiokon.stangl.eu. Volition – Online Lexikon für Psychologie und Pädagogik (stangl.eu)

Zilles, K. & **Rehkämper,** G. (1998): Funktionelle Neuroanatomie. 3. Auflage. Berlin und Heidelberg.

Internetquellen

Karriere Bibel (2021): Rubikon-Modell: Zum Handeln motivieren [online] Rubikon-Modell: Zum Handeln motivieren (karrierebibel.de) [02.05.2021]

Kartei Karte.com (2021): Karteikarten online lernen - wann und wo du willst! Psychologie. Strategien der Handlungskontrolle (Kuhl, 1996) [online] Strategien der Handlungskontrolle (Kuhl, 1996): - (karteikarte.com) [21.05.2021]
..
Raum für Entwicklung ich.raum (2021): Vier Phasen der Motivation: Rubikon-Modell [online] Vier Phasen der Motivation: Rubikon-Modell | ichraum.de [05.05.2021]

Re (2021): Emotion- & Motivationspsychologie [online]
https://www.repetico.de/card-66214137 [15.04.2021]

Spektrum.de (2020): Lexikon der Psychologie. Heckhausen [online]
Heckhausen - Lexikon der Psychologie (spektrum.de) [05.05.2021]

Soft-Skills.com (2021): Sind Motive und Ziele kongruent? – Motivinkongruenz als ‚hidden stressor' [online]
Sind Motive und Ziele kongruent? | 'Hidden stressor' Motivinkongruenz (soft-skills.com) [02.05.2021]

Abbildungsverzeichnis